Impressum
Verlag: BABADADA GmbH, Nedderfeld 112 , 22529 Hamburg
Geschäftsführer / Verlagsleitung: Harald Hof
Druck: Books on Demand GmbH, In de Tarpen 42, 22848 Norderstedt

Imprint
Publisher: BABADADA GmbH, Nedderfeld 112 , 22529 Hamburg, Germany
Managing Director / Publishing direction: Harald Hof
Print: Books on Demand GmbH, In de Tarpen 42, 22848 Norderstedt

σχολείο
мактаб

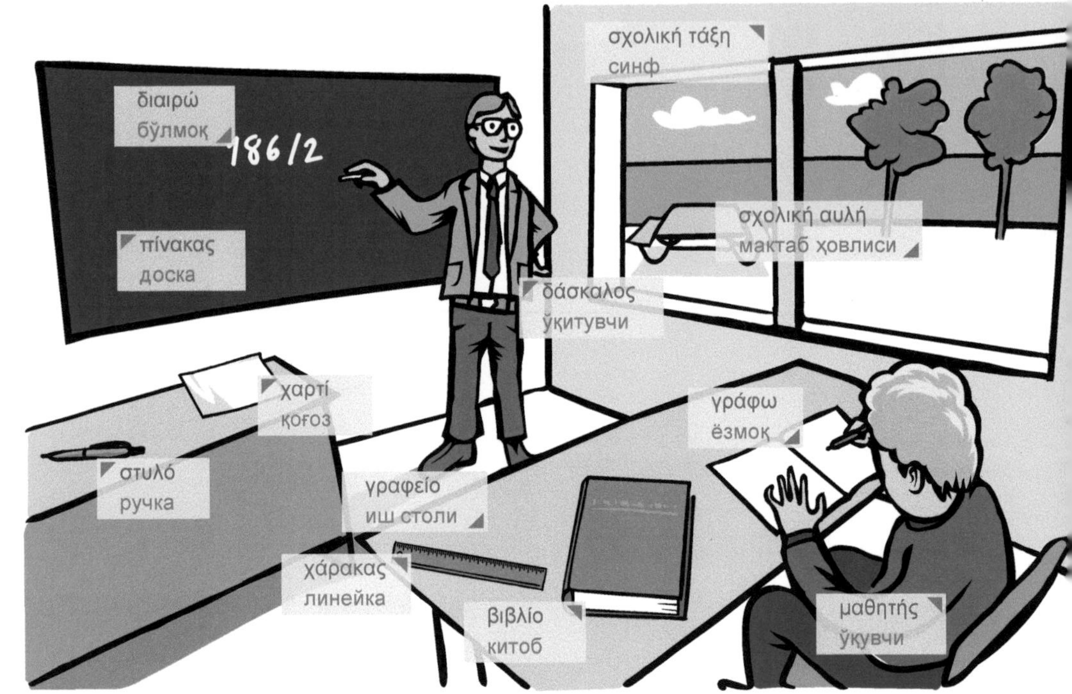
σχολική τάξη
синф
διαιρώ
бўлмоқ
186/2
πίνακας
доска
σχολική αυλή
мактаб ҳовлиси
δάσκαλος
ўқитувчи
χαρτί
қоғоз
γράφω
ёзмоқ
στυλό
ручка
γραφείο
иш столи
χάρακας
линейка
βιβλίο
китоб
μαθητής
ўқувчи

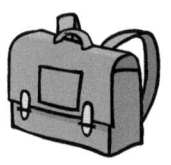

σχολική τσάντα

осма сумка

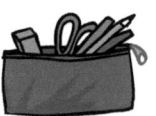

κασετίνα/ μολυβοθήκη

қаламдон

μολύβι

қалам

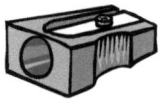

ξύστρα

қалам учлагич

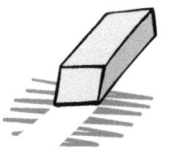

γόμα

ўчиргич

μπλοκ ζωγραφικής

расм албоми

ζωγραφική

чизмачилик

πινέλο

бўёқ чўтка

κουτί χρωμάτων

бўёқдон

ψαλίδι

қайчи

κόλλα

елим

τετράδιο ασκήσεων

машғулот дафтари

εργασία για το σπίτι

уй иши

12

αριθμός

рақам

2+2

προσθέτω

қўшмоқ

5-2

αφαιρώ

айирмоқ

2×2

πολλαπλασιάζω

кўпайтирмоқ

υπολογίζω

ҳисобламоқ

A

γράμμα

хат

ABCDEFG
HIJKLMN
OPQRSTU
VWXYZ

αλφάβητο

алифбо

λέξη

сўз

σχολείο - мактаб

κείμενο

матн

διαβάζω

ўқимоқ

κιμωλία

бўр

μάθημα

дарс

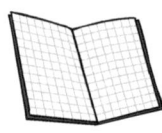

εγγράφομαι

журнал

τεστ

имтиҳон

πιστοποιητικό

гувоҳнома

μαθητική στολή

мактаб формаси

εκπαίδευση

таълим

εγκυκλοπαίδεια

қомус

πανεπιστήμιο

олийгоҳ

μικροσκόπιο

микроскоп

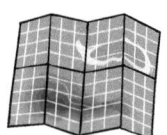

χάρτης

харита

καλάθι αχρήστων

урна

ξενοδοχείο
меҳмонхона
ξενώνας
сайёҳлар ётоқхонаси
ανταλλακτήρια συναλλάγματος
пул айирбошлаш шаҳобчаси
βαλίτσα
чемодан
αυτοκίνητο
машина

γλώσσα

тил

ναι / όχι

ҳа / йўқ

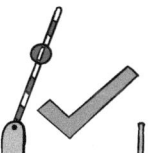

εντάξει

Хўп

γεια σου

салом

μεταφραστής

таржимон

Ευχαριστώ

Раҳмат

πόσο κάνει ;

неча пул...?

Δε καταλαβαίνω

Тушунмадим

πρόβλημα

муаммо

Καλησπέρα!

Хайрли кеч!

Καλημέρα!

Хайрли тонг!

Καληνύχτα!

Хайрли тун!

Αντίο

кўришгунча

κατεύθυνση

йўналиш

αποσκευές

йўловчи юки

τσάντα

сафархалта

σακίδιο πλάτης

юк халта

καλεσμένος

меҳмон

δωμάτιο

хона

υπνόσακος

уйқуқоп

σκηνή

чодир

τουριστικές πληροφορίες

саёҳларга маълумот бериш столи

παραλία

пляж

πιστωτική κάρτα

омонат карта

πρωινό

нонушта

μεσημεριανό

нонушта

δείπνο

кечки овқат

εισιτήριο

чипта

ανελκυστήρας

лифт

γραμματόσημο

марка

σύνορα

чегара

τελωνείο

божхона

πρεσβεία

элчихона

βίζα

виза

διαβατήριο

паспорт

μεταφορά
транспорт

αεροπλάνο
самолет
πλοίο
кема
πυροσβεστικό όχημα
ўт ўчирувчи машина
λεωφορείο
автобус
φορτηγό
юк автомобили
ηχανοκίνητο σκάφος
оторли қайиқ
ποδήλατο
велосипед
αυτοκίνητο
машина

φεριμπότ

солсимон ясси кема

βάρκα

қайиқ

μοτοσικλέτα

мотоцикл

περιπολικό

посбон машинаси

αγωνιστικό αυτοκίνητο

пойга машинаси

ενοικιαζόμενο αυτοκίνητο

ижарага олинган автоулов

αμοιρασμός αυτοκινήτων

автоижара

γερανός

шатакка олувчи юк
автомобили

απορριμματοφόρο

ахлат машинаси

κινητήρας

мотор

καύσιμο

ёқилғи

βενζινάδικο

ёқилғи қуйиш шаҳобчаси

πινακίδα σήμανσης

йўл белгиси

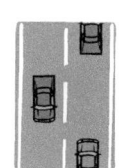

κυκλοφορία

йўл ҳаракати

κυκλοφοριακή συμφόρηση

тирбанд

χώρος στάθμευσης

втомобил тўхтаб туриш
жойи

σιδηροδρομικός σταθμός

поезд бекати

σιδηροδρομικές γραμμές

рельс

τρένο

поезд

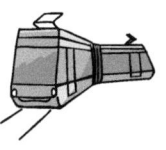

τραμ

трамвай

βαγόνι

вагон

ελικόπτερο

вертолёт

αεροδρόμιο

аэропорт

πύργος

минора

επιβάτης

йўловчи

εμπορευματοκιβώτιο

контейнер

χαρτοκιβώτιο

қоғоз қути

καρότσι

аравача

καλάθι

сават

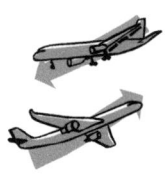

απογειώνομαι /
προσγειόνομαι

учмоқ / қўнмоқ

πόλη

шаҳар

χωριό

қишлоқ

κέντρο της πόλης

шаҳар маркази

σπίτι

уй

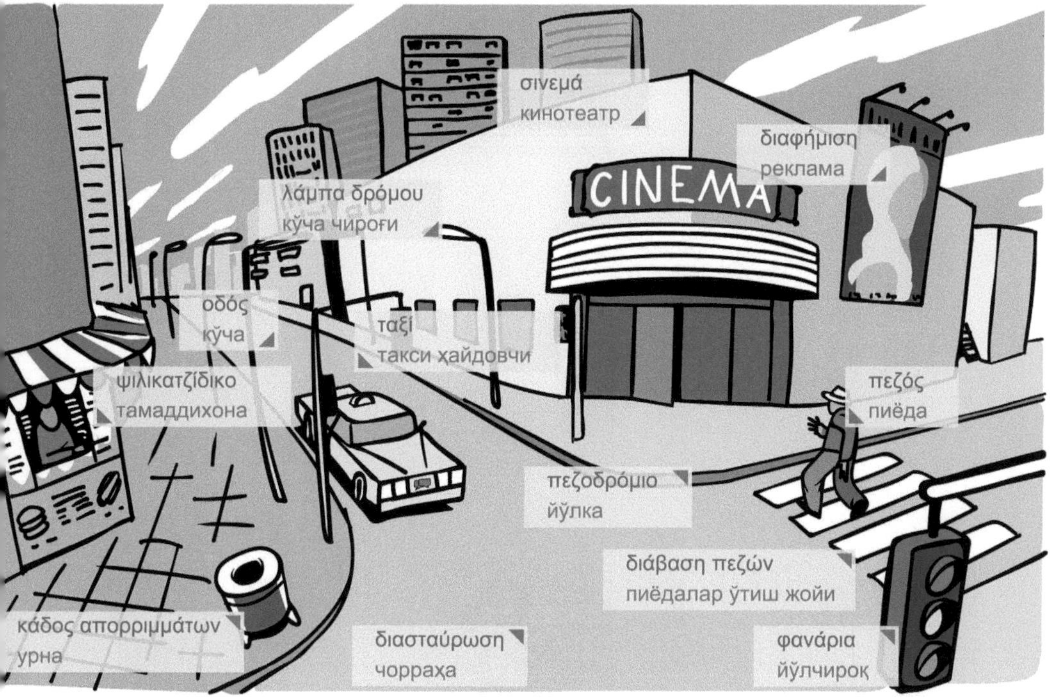

σινεμά
κινοθέατρ

διαφήμιση
реклама

λάμπα δρόμου
кўча чироғи

οδός
кўча

ταξί
такси ҳайдовчи

ψιλικατζίδικο
тамаддихона

πεζός
пиёда

πεζοδρόμιο
йўлка

διάβαση πεζών
пиёдалар ўтиш жойи

κάδος απορριμμάτων
урна

διασταύρωση
чорраҳа

φανάρια
йўлчироқ

καλύβα

кулба

διαμέρισμα

квартира

σιδηροδρομικός σταθμός

поезд бекати

δημαρχείο

маҳаллий ҳокимият
биноси

μουσείο

музей

σχολείο

мактаб

πανεπιστήμιο

олийгоҳ

τράπεζα

банк

νοσοκομείο

шифохона

ξενοδοχείο

меҳмонхона

φαρμακείο

дорихона

γραφείο

идора

βιβλιοπωλείο

китоб дӯкони

κατάστημα

дӯкон

ανθοπωλείο

гул дӯкони

σούπερ μάρκετ

супермаркет

αγορά

бозор

πολυκατάστημα

универмаг

ιχθυοπωλείο

балиқ дӯкони

εμπορικό κέντρο

савдо маркази

λιμάνι

бандаргоҳ

πάρκο

истироҳат боғи

παγκάκι

банк

γέφυρα

кўприк

σκάλες

зинапоя

μετρό

метро

τούνελ

ер ости йўли

στάση λεωφορείου

автобус бекати

μπαρ

бар

εστιατόριο

ресторан

γραμματοκιβώτιο

почта қутиси

πινακίδα δρόμου

кўча ёзув осма тахтаси

παρκόμετρο

тўхтаб туриш вақтини ҳисоблагич

ζωολογικός κήπος

хайвонот боғи

πισίνα

бассейн

τζαμί

масжид

αγρόκτημα

чорвачилик хўжалиги

ρύπανση

атроф-муҳит ифлосланиши

νεκροταφείο

қабристон

εκκλησία

ибодатхона

παιδική χαρά

болалар ўйингоҳи

ναός

эҳром

τοπίο

манзара

![landscape illustration]

φύλλο
япроқ

πινακίδα κατεύθυνσης
йўлкўрсаттгич

δρόμος
йўл

λιβάδι
ўтлоқ

πέτρα
тош

δέντρο
дарахт

πεζοπόρος
пиёда сайёҳ

ποτάμι
дарё

χορτάρι
майса

λουλούδι
гул

κοιλάδα

водий

λόφος

қир

λίμνη

кўл

δάσος

ўрмон

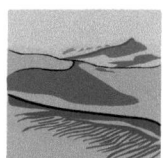

έρημος

чўл

ηφαίστειο

вулкан

κάστρο

қалъа

ουράνιο τόξο

камалак

μανιτάρι

қўзиқорин

φοίνικας

пальма дарахти

κουνούπι

пашша

μύγα

чивин

μυρμήγκι

чумоли

μέλισσα

асалари

αράχνη

ўргимчак

σκαθάρι

қўнғиз

βάτραχος

қурбақа

σκίουρος

олмахон

σκαντζόχοιρος

типратикон

λαγός

қуён

κουκουβάγια

укки

πουλί

қуш

κύκνος

оққуш

αγριογούρουνο

эркак чўчқа

ελάφι

буғу

άλκη

буток шохли кийик

φράγμα

тўғон

ανεμογεννήτρια

шамол генератори

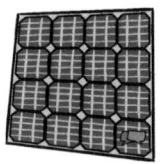

ηλιακός συλλέκτης

қуёш батареяси

κλίμα

иқлим

εστιατόριο

ресторан

σερβιτόρος
официант
κατάλογος
таомнома
καρέκλα
стул
σούπα
шўрва
πίτσα
пицца
τραπεζομάντιλο
дастурхон
μαχαιροπίρουνα
ошхона анжомлари

ορεκτικό

газак

κύριο πιάτο

асосий таом

επιδόρπιο

десерт

ποτά

ичимликлар

φαγητό

таом

μπουκάλι

бутилка

φαστ φουντ

тез пишар таом

φαγητό στ' όρθιο

кўча таоми

τσαγιέρα

чойнак

δοχείο ζάχαρης

шакардон

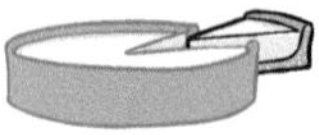

μερίδα

порция

μηχανή εσπρέσο

эспрессо кофе машинаси

ψηλή καρέκλα

болалар курсичаси

λογαριασμός

ҳисоб

δίσκος

лаган

μαχαίρι

пичоқ

πιρούνι

санчқи

κουτάλι

қошиқ

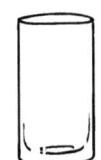

κουταλάκι του τσαγιού

чой қошиқ

πετσέτα φαγητού

кўл сочиқ

ποτήρι

стакан

πιάτο
ликоп

πιάτο σούπας
шӳрва коса

πιατάκι φλιτζανιού
тақсимча

σάλτσα
қайла

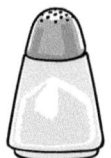

αλατιέρα
туздон

μύλος για πιπέρι
қалампир янчгич

ξύδι
сирка

λάδι
ёғ

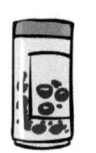

μπαχαρικά
зираворлар

κέτσαπ
кетчуп

μουστάρδα
хантал

μαγιονέζα
майонез

σούπερ μάρκετ

супермаркет

προσφορά
чегирма
FOR
πελάτης
мижоз
γαλακτοκομικά προϊόντα
сут махсулотлари
φρούτα
мева
καρότσι για ψώνια
харид араваси

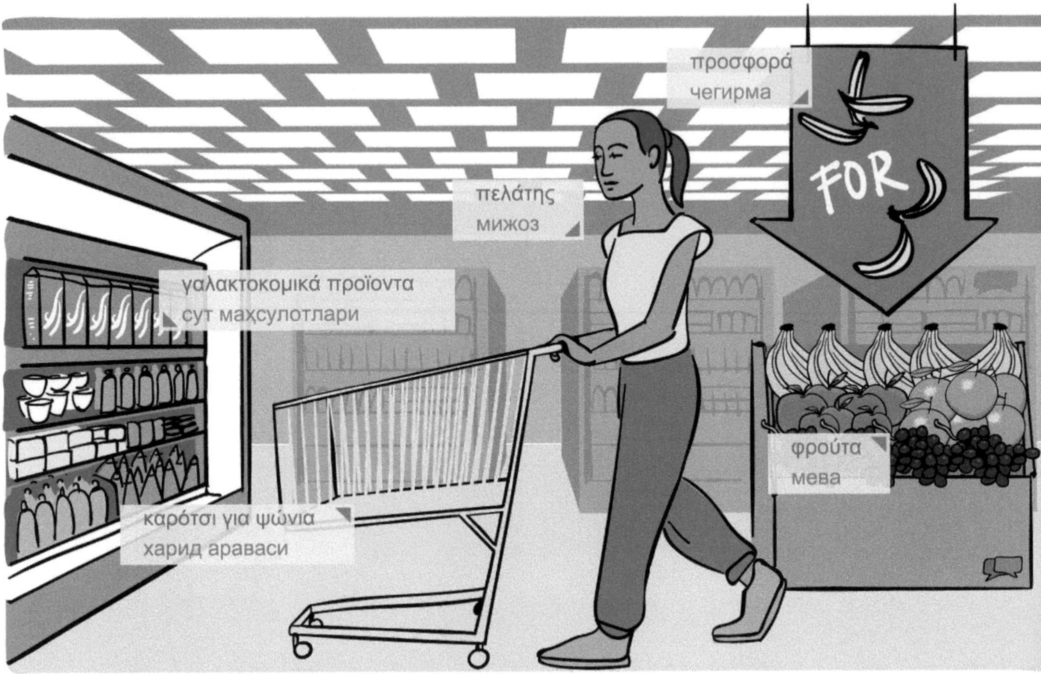

κρεοπωλείο

қассобхона

φούρνος

нонвойхона

ζυγίζω

тарозида ўлчамоқ

λαχανικά

сабзавот

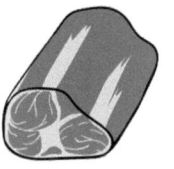

κρέας

гўшт

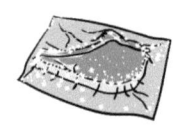

κατεψυγμένα τρόφιμα

музлатилган таомлар

αλλαντικά

яхна гўшт

κονσερβοποιημένη τροφή

консерва

απορρυπαντικό ρούχων

кир ювиш воситаси

γλυκά

ширинликлар

οικιακά είδη

кундалик истеъмол
моллар

καθαριστικά προϊόντα

ювиш воситалари

πωλήτρια

сотувчи

ταμείο

касса аппарати

ταμίας

ғазначи

λίστα για ψώνια

харид рўйхати

ωράριο λειτουργίας

иш вақти

πορτοφόλι

ҳамён

πιστωτική κάρτα

омонат карта

τσάντα

халта

πλαστική σακούλα

целлофан халта

ποτά
ичимликлар

νερό

сув

χυμός

шарбат

γάλα

сут

κόκα κόλα

кока-кола

κρασί

вино

μπίρα

пиво

αλκοόλ

спиртли ичимлик

κακάο

какао

τσάι

чой

καφές

кофе

εσπρέσο

эспрессо

καπουτσίνο

капучино

φαγητό
таом

μπανάνα

банан

μήλο

олмахон

πορτοκάλι

апельсин

πεπόνι

қовун

λεμόνι

лимон

καρότο

сабзи

σκόρδο

саримсоқ

μπαμπού

бамбук

κρεμμύδι

пиёз

μανιτάρι

қўзиқорин

ξηροί καρποί

ёнғоқ

νουντλς

лағмон

μακαρόνια

спагетти

ρύζι

гуруч

σαλάτα

салат

πατατάκια

картошка-фри

τηγανητές πατάτες

қовурилган картошка

πίτσα

пицца

χάμπουργκερ

гамбургер

σάντουιτς

сэндвич

κοτολέτα

тўқмоқланган тўш қиймаси

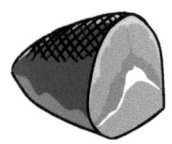

ζαμπόν

дудланган чўчқа гўшти

σαλάμι

салями колбасаси

λουκάνικο

сосиска

κοτόπουλο

товуқ гўшти

ψητό

қовурилган

ψάρι

балиқ

χυλός βρώμης

сули бўтқаси

μούσλι

мюсли

κορν φλέικς

маккажўхори ёрмаси

αλεύρι

ун

κρουασάν

француз булочкаси

ψωμάκι

булочка

ψωμί

нон

τοστ

қизартирилган нон бўлаги

μπισκότα

пишириқ

βούτυρο

сариёғ

τυρόπηγμα

творог

κέικ

пирог

αυγό

тухум

τηγανητό αυγό

қовурилган тухум

τυρί

пишлоқ

παγωτό
музқаймоқ

ζάχαρη
шакар

μέλι
асал

μαρμελάδα
мураббо

άλλειμμα σοκολάτας
шоколад пастаси

κάρυ
зарчава

αγρόκτημα
чорвачилик хўжалиги

αγρόσπιτο
дехқон уйи
δεμάτι άχυρου
похол тугуни
αχυρώνας
пичанхона
χωράφι
дала
άλογο
от
ρυμουλκούμενο
тиркама
τρακτέρ
трактор
πουλάρι
қулун
γάιδαρος
эшак
πρόβατο
қўй
αρνί
қўзи

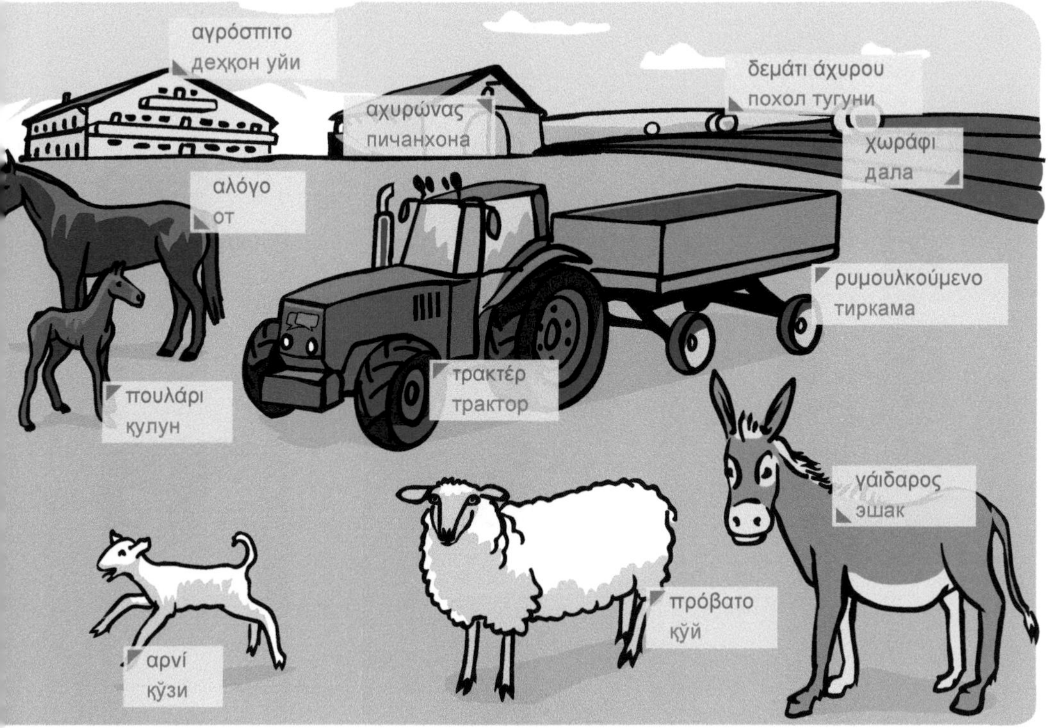

κατσίκα

эчки

αγελάδα

сигир

μοσχαράκι

бузоқ

γουρούνι

чўчқа

γουρουνάκι

чўчқа боласи

ταύρος

буқа

χήνα

ғоз

πάπια

ўрдак

κοτοπουλάκι

жўжа

κότα

товуқ

κόκορας

хўроз

αρουραίος

каламуш

γάτα

мушук

ποντίκι

сичқон

βόδι

ҳўкиз

σκύλος

ит

σπιτάκι σκύλου

каталак

λάστιχο κήπου

ҳовли боғ шланги

ποτιστήρι

гулчелак

θεριστήρι

белўроқ

αλέτρι

темир омоч

δρεπάνι

κўлўроқ

τσάπα

чопқи

δίκρανο

паншаха

τσεκούρι

болта

χειράμαξα

ғалтакарава

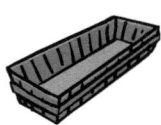

ταΐστρα

охур

δοχείο γάλακτος

сут бидони

σάκος

тўрва

φράχτης

панжара

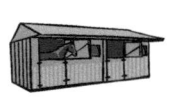

στάβλος

оғилхона

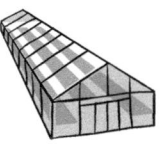

θερμοκήπιο

иссиқхона

έδαφος

тупроқ

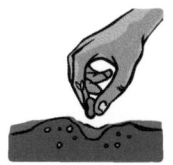

σπόρος

уруғ

λίπασμα

ўғит

θεριζοαλωνιστική μηχανή

комбайн

θερίζω
....
ҳосил олмоқ

συγκομιδή
....
йиғим-терим

γιαμς
....
ямс

σιτάρι
....
буғдой

σόγια
....
соя

πατάτα
....
картошка

καλαμπόκι
....
маккажўхори

κράμβη
....
рапс уруғи

οπωροφόρο δέντρο
....
мевали дарахт

μανιόκα
....
маниок

δημητριακά
....
ёрма

αγρόκτημα - чорвачилик хўжалиги

σπίτι
уй

καμινάδα
мўри
στέγη
том
υδρορροή
тарнов
παράθυρο
дераза
γκαράζ
гараж
κουδούνι
эшик қўнғироғи
πόρτα
эшик
σκουπιδοτενεκές
урна
γραμματοκιβώτιο
хатлар учун қути
κήπος
боғ

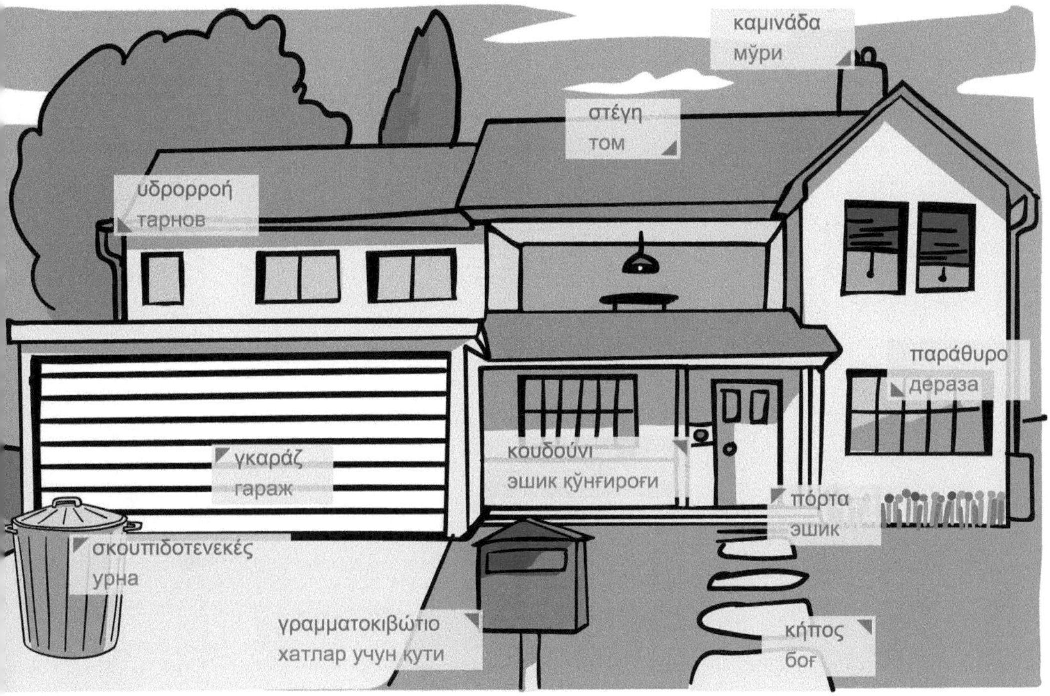

σαλόνι

мехмонхона

μπάνιο

ваннахона

κουζίνα

ошхона

υπνοδωμάτιο

ётоқхона

παιδικό δωμάτιο

болалар хонаси

τραπεζαρία

ошхона

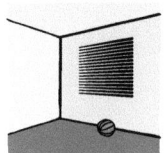

πάτωμα

пол

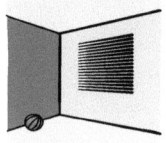

τοίχος

девор

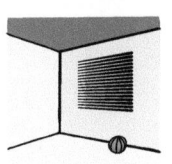

οροφή

шип

κελάρι

подвал

σάουνα

сауна

μπαλκόνι

болохона айвони

βεράντα

айвон

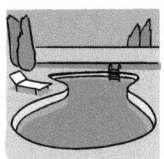

πισίνα

бассейн

μηχανή του γκαζόν

ўт ўргич машина

σεντόνι

кўрпажилд

κάλυμμα κρεβατιού

чойшаб

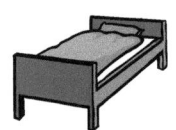

κρεβάτι

кроват

σκούπα

супурги

κουβάς

пақир

διακόπτης

мурват

σαλόνι

мехмонхона

ταπετσαρία
гулқоғоз
φωτογραφία
сурат
λάμπα
чироқ
ράφι
токча
ντουλάπι
жавон
τηλεόραση
телевизор
τζάκι
ўчоқ
λουλούδι
гул
μαξιλάρι
ёстиқ
καναπές
диван
βάζο
гулдон
τηλεκοντρόλ
масофадан бошқариш пульти

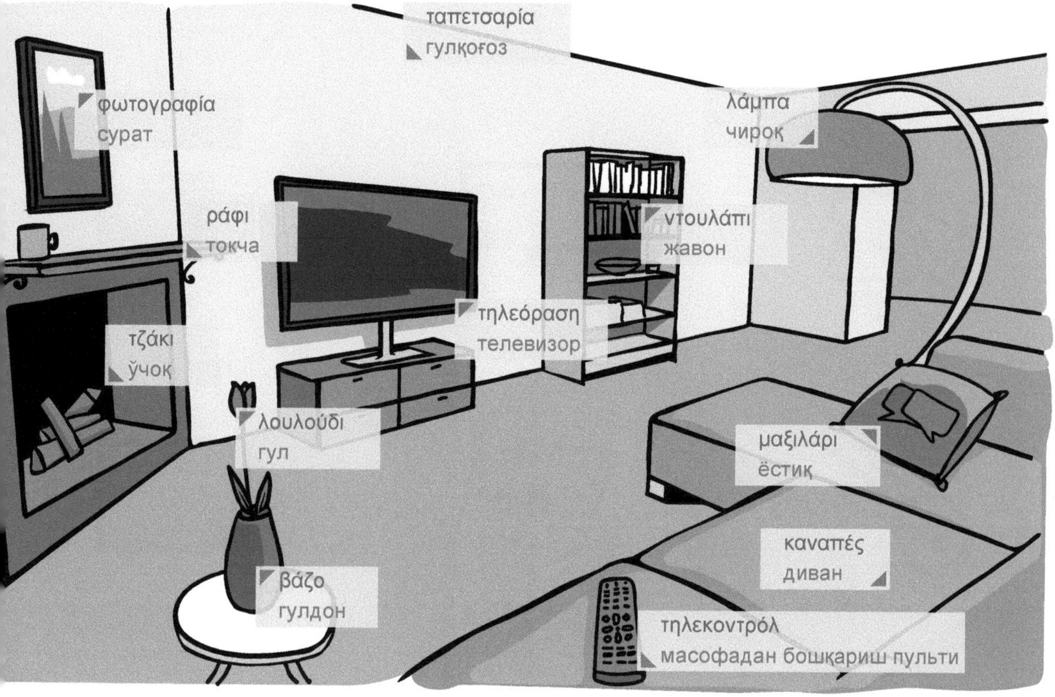

χαλί

гилам

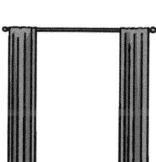

κουρτίνα

парда

τραπέζι

стол

καρέκλα

стул

κουνιστή πολυθρόνα

тебранма курси

πολυθρόνα

кресло

βιβλίο

китоб

κουβέρτα

кӯрпа

διακόσμηση

ҳашам

καυσόξυλα

ӯтин

ταινία

кино

στερεοφωνικό σύστημα

стерео қурилма

κλειδί

калит

εφημερίδα

рӯзнома

πίνακας ζωγραφικής

расм

αφίσα

плакат

ραδιόφωνο

радио

σημειωματάριο

ён дафтар

ηλεκτρική σκούπα

чанг ютгич

κάκτος

кактус

κερί

шам

κουζίνα
ошхона

ψυγείο
φούρνος μικροκυμάτων
микротўлқинли печ
ζυγαριά κουζίνας
ошхона тарозиси
τοστιέρα
тостер
απορρυπαντικό
ювиш воситалари
φούρνος
духовка
κατάψυξη
музхона
σκουπιδοτενεκές
урна
πλυντήριο πιάτων
идиш ювадиган машина

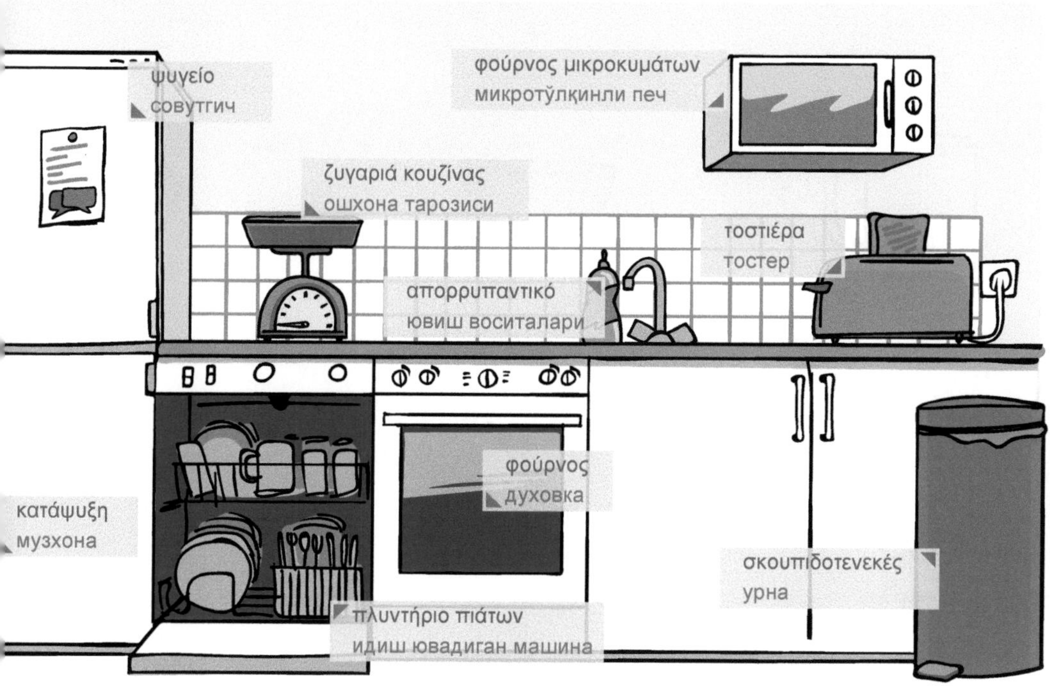

κουζίνα

плита

κατσαρόλα

кастрюль

μαντεμένια κατσαρόλα

чўян қозон

γουόκ/καντάι

бўртма тубли това

τηγάνι

това

βραστήρας

човгун

κουζίνα - ошхона 35

ατμομάγειρας

мантиқасқон

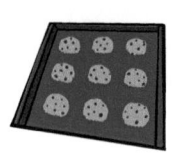

ταψί

тунука това

πιατικά

идиш

κούπα

кружка

μπολ

коса

ξυλάκια

таом ейиш таёқчалари

κουτάλα

чўмич

σπάτουλα

куракча

ανακατεύω

кўпиртиргич

σουρωτήρι

элак

σουρωτηράκι

элак

τρίφτης

қирғич

γουδί

ҳовонча

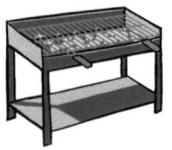

ψησταριά

гриль

ανοιχτή φωτιά

олов

σανίδα κοπής

оштахта

πλάστης

жува

ανοιχτήρι φελλών

пармасимон тиқин очгич

κονσέρβα

консерва

ανοιχτήρι κονσέρβας

консерва очгич

γάντι φούρνου

тутгич

νεροχύτης

унитаз

βούρτσα

идиш чўтка

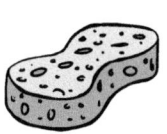

σφουγγάρι

қозонсочиқ

μπλέντερ

қориштиргич

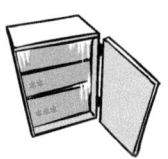

καταψύκτης

музлатгич

μπιμπερό

сўрғичли чақалоқ
бутилкаси

βρύση

кран

μπάνιο

ваннахона

θέρμανση
иситиш тизими
ντους
душ
πετσέτα
сочиқ
κουρτίνα ντουζ
дарпарда
αφρόλουτρο
кўпикли ванна
μπανιέρα
ванна
ποτήρι
стакан
πλυντήριο ρούχων
кир ювиш машинаси
βρύση
кран
πλακάκια
кафель
γιογιό
тувак
νεροχύτης
унитаз

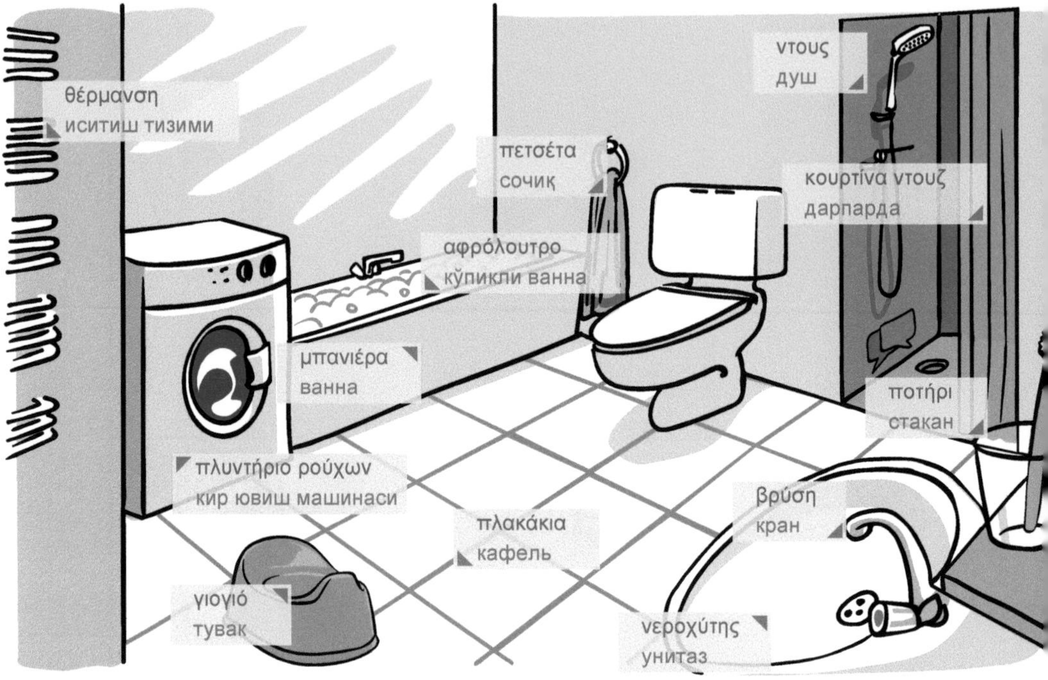

τουαλέτα

хожатхона

τούρκικη τουαλέτα

полга ўрнатиладиган унитаз

μπιντές

таҳоратдон

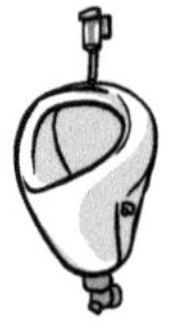

ουρητήριο

сийдик унитази

χαρτί υγείας

хожатхона қоғози

πιγκάλ

хожатхона чўткаси

οδοντόβουρτσα

тиш чўтка

οδοντόκρεμα

тиш пастаси

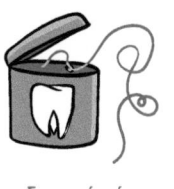

οδοντικό νήμα

тиш тозалагич ип

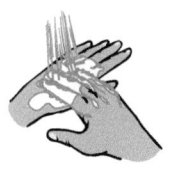

πλένω

ювмоқ

τηλέφωνο ντους

дастакли душ

ντουσιέρα

таҳорат учун душ

λεκάνη

тоғора

βούρτσα πλάτης

елка қашлайдиган чўтка

σαπούνι

совун

αφρόλουτρο

душ учун гель

σαμπουάν

шампунь

φανέλα

мочалка

σιφόνι

қувур

κρέμα

крем

αποσμητικό

дезодарант

καθρέφτης

кўзгу

καθρέφτης χειρός

қўл кўзгуси

ξυραφάκι

устара

αφρός ξυρίσματος

устара учун кўпик

αφτερσέιβ

салқинлантирувчи бальзам

χτένα

тароқ

βούρτσα

чўтка

σεσουάρ

фен

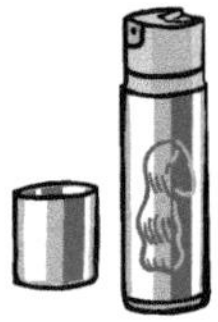

λακ

соч учун лак

μακιγιάζ

пардоз-андоз

κραγιόν

лаб учун помада

βερνίκι νυχιών

тирноқ лаки

βαμβάκι

пахта

ψαλίδι νυχιών

тирноқ қайчиси

άρωμα

духи

νεσεσέρ

пардоз-андоз халтаси

σκαμπό

курси

ζυγαριά

тарози

μπουρνούζι

чўмилиш халати

ελαστικά γάντια

резина қўлқоп

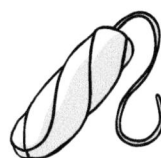

ταμπόν

тампон

πετσέτα υγιεινής

гигиеник таглик

χημική τουαλέτα

биохожатхона

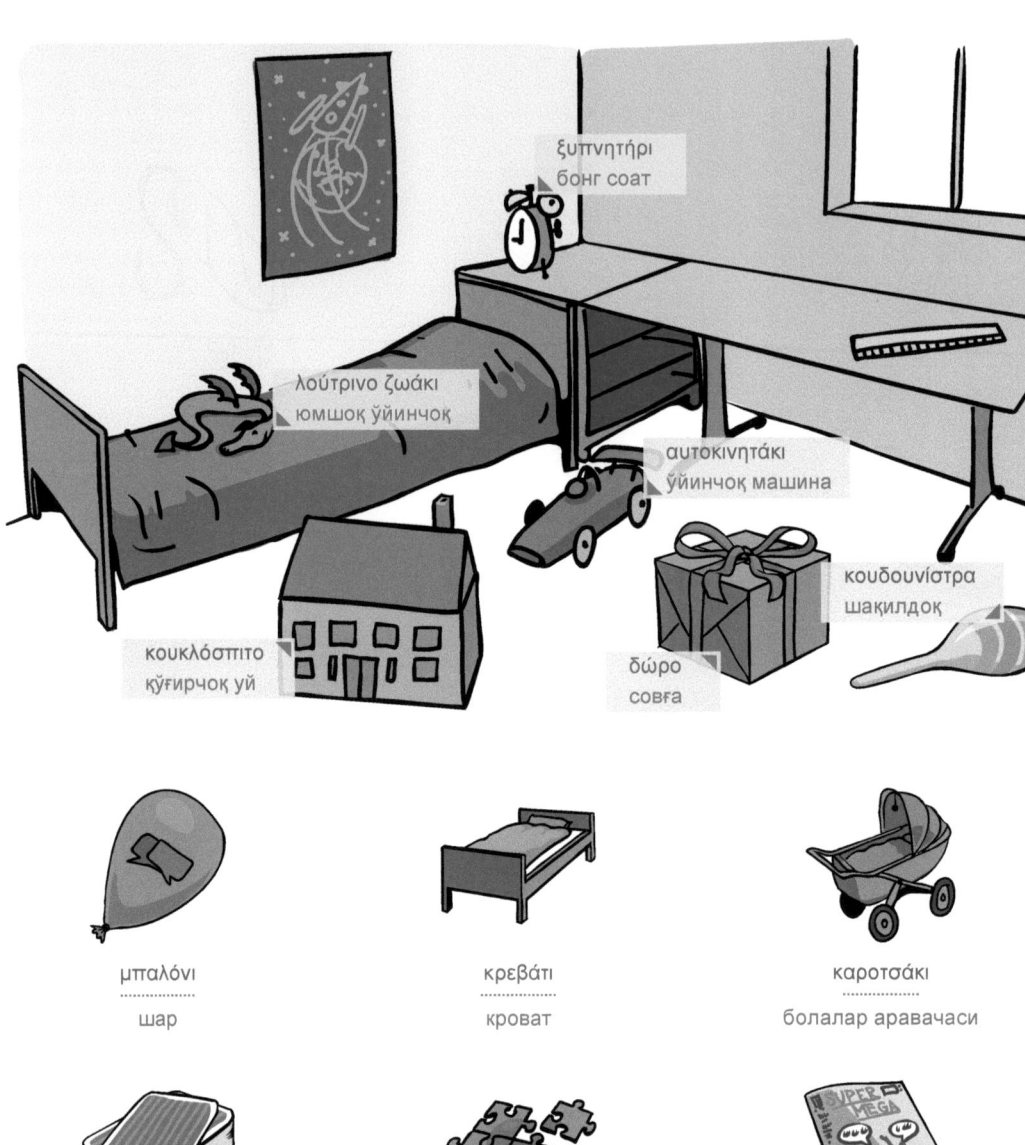

παιδικό δωμάτιο
болалар хонаси

ξυπνητήρι
бонг соат
λούτρινο ζωάκι
юмшоқ ўйинчоқ
αυτοκινητάκι
ўйинчоқ машина
κουδουνίστρα
шақилдоқ
κουκλόσπιτο
қўғирчоқ уй
δώρο
совға

μπαλόνι

шар

κρεβάτι

кроват

καροτσάκι

болалар аравачаси

τράπουλα

карта тўплами

παζλ

терма тасвир

κόμικς

кулгили саҳна асари

τουβλάκια lego

лего ғиштлари

τουβλάκια κατασκευών

ўйинчоқ кубиклар

φιγούρα δράσης

ўйинчоқ қаҳрамон

βρεφικό φορμάκι

ползунка

φρίσμπι

учар ликопча

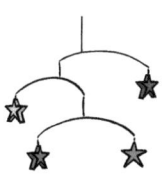

μόμπιλο

осма шақилдоқ

επιτραπέζιο παιχνίδι

стол ўйини

ζάρια

ошиқ

σετ τρενάκι

поезд макети

πιπίλα

сўрғич

πάρτι

ўтириш

εικονογραφημένο βιβλίο

расмли китоб

μπάλα

копток

κούκλα

қўғирчоқ

παίζω

ўйнамоқ

σκάμμα με άμμο

қумдон

κούνια

арғимчоқ

παιχνίδια

ўйинчоқлар

κονσόλα βιντεοπαιχνιδιών

ўйин приставкаси

τρίκυκλο

уч ғилдиракли велосипед

αρκουδάκι

бахмал айиқ

ντουλάπα

кийим шкафи

ρούχα

кийим

κάλτσες

пайпоқ

καλτσοδέτες

чулки

καλσόν

колготка

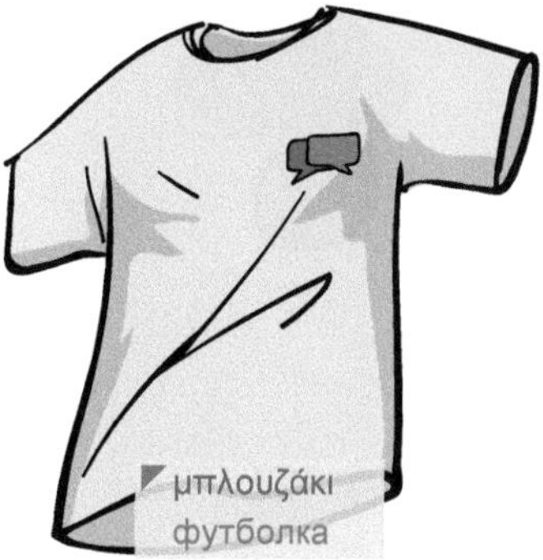

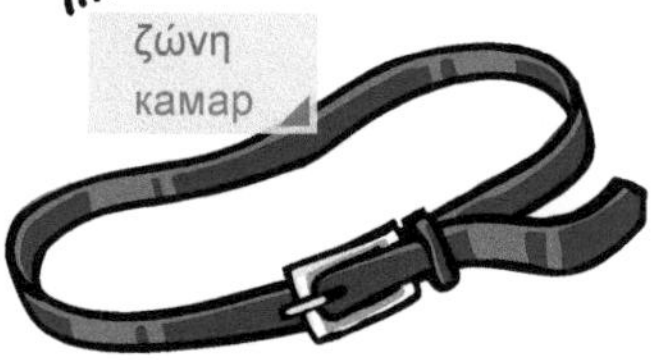

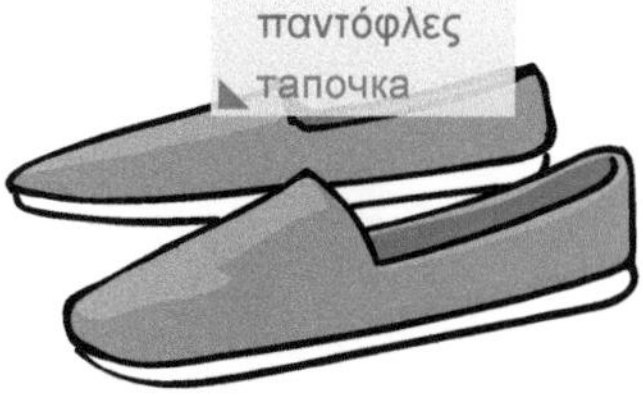

κασκόλ
шарф

ζώνη
камар

ομπρέλα
сояобн

μπλουζάκι
футболка

μπότες
ботинка

παντόφλες
тапочка

αθλητικά παπούτσια
кроссовка

σανδάλια
....
шиппак

παπούτσια
....
туфли

γαλότσες
....
резина этик

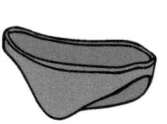

εσώρουχο
....
тор турсик

σουτιέν
....
кӯкракпеч

φανέλα
....
майка

ρούχα - кийим

σώμα

боди

παντελόνι

иштон

τζιν παντελόνι

жинси

φούστα

юбка

μπλούζα

кофта

πουκάμισο

кўйлак

πουλόβερ

жемпер

πουλόβερ

узун чакмон

σακάκι

спорт бичимидаги пиджак

μπουφάν

куртка

παλτό

пальто

αδιάβροχο πανωφόρι

плаш

κοστούμι

либос

φόρεμα

кўйлак

νυφικό

келин кўйлак

κοστούμι

костюм шим

νυχτικό

тунги кўйлак

πιτζάμες

пижама

σάρι

сари

μαντήλι

шолрўмол

τουρμπάνι

салла

μπούρκα

паранжи

καφτάνι

чакмон

μουσουλμανικό ένδυμα

абая

ολόσωμο μαγιό

чўмилиш костюми

ανδρικό μαγιό

турсик

σορτς

шортик

αθλητική φόρμα

спорт костюми

ποδιά

фартук

γάντια

қўлқоп

κουμπί

тугма

γυαλιά

кўзойнак

βραχιόλι

билагузук

περιδέραιο

мунчоқ

δαχτυλίδι

узук

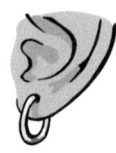

σκουλαρίκι

сирға

καπέλο

кепка

κρεμάστρα

пальто илгак

καπέλο

шляпа

γραβάτα

бўйинбоғ

φερμουάρ

замок

κράνος

дубулға

τιράντες

шим тортгич

μαθητική στολή

мактаб формаси

στολή

форма

σαλιάρα

ошхўрак

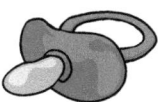

πιπίλα

сўрғич

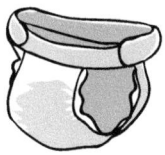

πάνα

таглик

γραφείο

идора

σέρβερ
сервер
αρχειοθήκη
қоғоз-ҳужжатлар шкафи
εκτυπωτής
принтер
χαρτί
қоғоз
οθόνη
экран
ποντίκι
сичқонча
иш столи
ντοσιέ
папка
πληκτρολόγιο
клавиатура
καλάθι αχρήστων
урна
υπολογιστής
компьютер
καρέκλα
стул

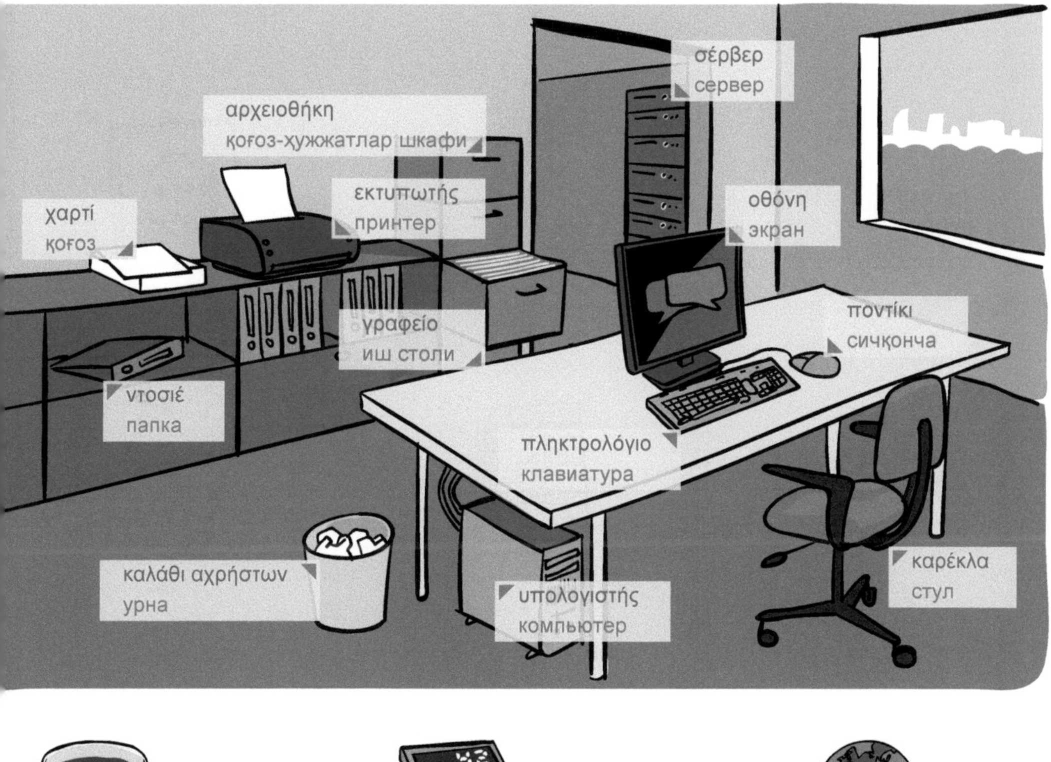

κούπα του καφέ

кофе кружкаси

κομπιουτεράκι

калькулятор

ίντερνετ

интернет

λάπτοπ

ноутбук

γράμμα

хат

μήνυμα

мактуб

κινητό

уяли телефон

δίκτυο

тармоқ

φωτοτυπικό μηχάνημα

нусха кўчиргич

λογισμικό

дастур

τηλέφωνο

телефон

πρίζα

розетка

συσκευή φαξ

факс

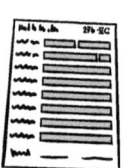

έντυπο

шакллар

έγγραφο

ҳужжат

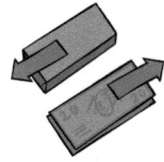

οικονομία

иқтисод

αγοράζω

харид қилмоқ

πληρώνω

тўламоқ

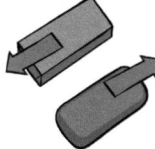

συναλλάσσομαι

савдолашмоқ

χρήματα

пул

δολάριο

доллар

ευρώ

евро

γιεν

йен

ρούβλι

рубль

ελβετικό φράγκο

швейцар франки

ρενμίνμπι γιουάν

эньминьби хитой юани

ρουπία

рупи

ATM (αυτόματη ταμειακή μηχανή)

банкомат

ανταλλακτήρια συναλλάγματος

пул айирбошлаш шахобчаси

χρυσός

олтин

ασήμι

кумуш

πετρέλαιο

нефт

ενέργεια

энергия

τιμή

нарх

συμβόλαιο

шартнома

φόρος

солиқ

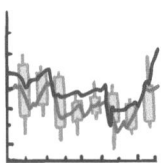

μετοχή

акция

δουλεύω

ишламоқ

υπάλληλος

ишчи

εργοδότης

иш берувчи

εργοστάσιο

завод

κατάστημα

дўкон

επαγγέλματα
касблар

αστυνόμος
полициячи
πυροσβέστης
ўт ўчирувчи
μάγειρας
ошпаз
γιατρός
шифокор
πιλότος
учувчи

κηπουρός

боғбон

ξυλουργός

дурадгор

μοδίστρα

тикувчи

δικαστής

ҳакам

χημικός

кимёгар

ηθοποιός

актёр

οδηγός λεωφορείου

автобус ҳайдовчиси

ταξιτζής

такси ҳайдовчи

ψαράς

балиқчи

καθαρίστρια

фаррош

τεχνίτης στεγών

том устаси

σερβιτόρος

официант

κυνηγός

овчи

ζωγράφος

бўёқчи

αρτοποιός

нонвой

ηλεκτρολόγος

электр устаси

οικοδόμος

қурувчи

μηχανολόγος

муҳандис

κρεοπώλης

қассоб

υδραυλικός

сувчи чилангар

ταχυδρόμος

почтачи

στρατιώτης

аскар

αρχιτέκτονας

меъмор

ταμίας

ғазначи

ανθοπώλης

гулчи

κομμωτής

сартарош

ελεγκτής εισιτηρίων

чиптачи

μηχανικός

механик

καπετάνιος

капитан

οδοντίατρος

тиш шифокори

επιστήμονας

олим

ραβίνος

яхудийлар руҳонийси

ιμάμης

имом

μοναχός

роҳиб

ιερέας

руҳоний

εργαλεία
асбоблар

σφυρί
болға
πένσα
омбир
κατσαβίδι
отвертка
Γαλλικό κλειδί
гайка очгич
φακός
чўнтак чироғи

εκσκαφέας

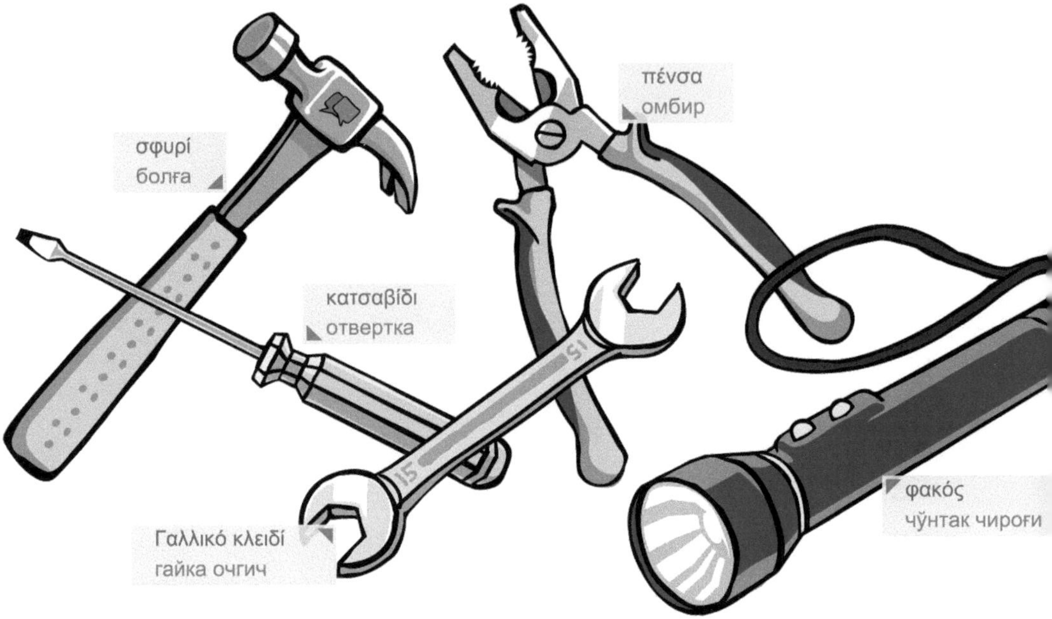

экскаватор

εργαλειοθήκη

асбоблар қутиси

σκάλα

нарвон

πριόνι

қўларра

καρφιά

мих

τρυπάνι

пармадаста

επισκευάζω

тузатмоқ

φτυάρι

белкурак

Να πάρει!

Жин урсин!

φαράσι

хокандоз

δοχείο χρωμάτων

бўёқ идиш

βίδες

бурама мих

μουσικά όργανα
мусиқа асбоблари

ντραμς
уриб чалинадиган мусиқа асбоблари

μεγάφωνο
радиокарнай

κιθάρα
гитара

κοντραμπάσο
контрабас

τρομπέτα
сурнай

πιάνο

пианино

βιολί

ғижжак

μπάσο

бас-гитара

τύμπανα

қўшноғора

τύμπανο

дўмбира

πλήκτρα

клавиатура

σαξόφωνο

саксофон

φλάουτο

най

μικρόφωνο

микрофон

ζωολογικός κήπος
ҳайвонот боғи

είσοδος
кириш
τίγρης
арслон
κλουβί
қафас
ζέβρα
зебра
ζωοτροφή
ем
πάντα
панда

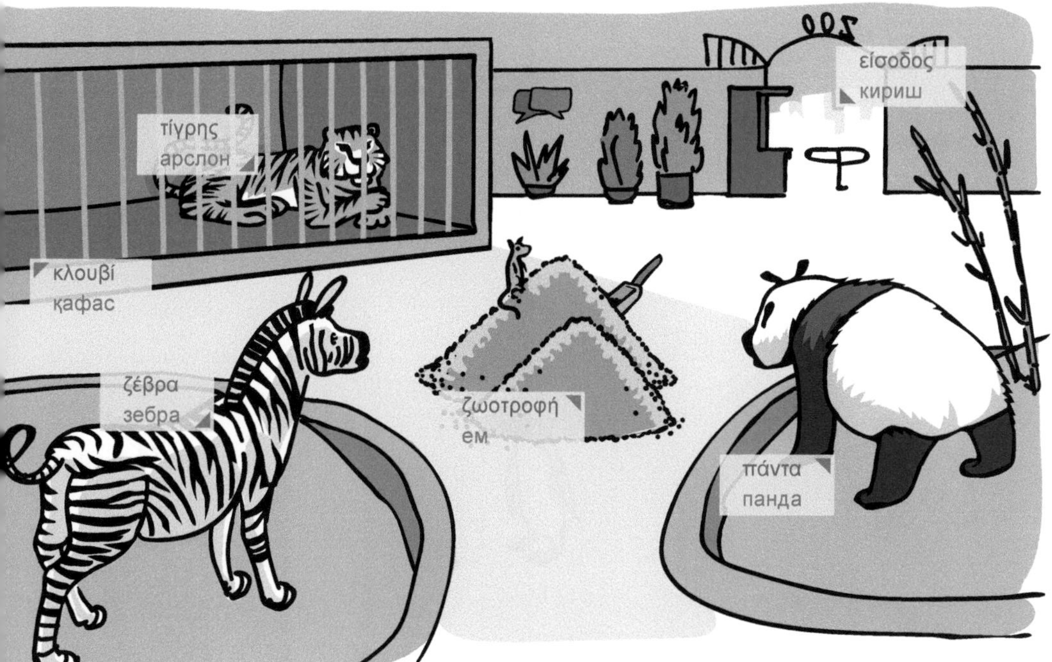

ζώα

хайвонлар

ελέφαντας

фил

καγκουρό

кенгуру

ρινόκερος

каркидон

γορίλας

горилла

αρκούδα

айиқ

καμήλα

туя

στρουθοκάμηλος

туяқуш

λιοντάρι

шер

πίθηκος

маймун

φλαμίνγκο

фламинго

παπαγάλος

тӯти

πολική αρκούδα

оқ айиқ

πιγκουίνος

пингвин

καρχαρίας

акула

παγώνι

товус

φίδι

илон

κροκόδειλος

тимсоҳ

φύλακας ζωολογικού κήπου

ҳайвонот боғи қоровули

φώκια

тюлень

τζάγκουαρ

ягуар

πόνυ

тўпичоқ от

λεοπάρδαλη

қоплон

ιπποπόταμος

бегемот

καμηλοπάρδαλη

жирафа

αετός

бургут

αγριογούρουνο

эркак чўчқа

ψάρι

балиқ

χελώνα

тошбақа

θαλάσσιος ίππος

морж

αλεπού

тулки

γαζέλα

оҳу

αθλήματα
спорт ўйинлари

Αμερικάνικο ποδόσφαιρο
америка футболи

ποδηλασία
велосипед хайдаш

αντισφαίριση
теннис

μπάσκετ
баскетбол

κολύμβηση
сузиш

πυγμαχία
бокс

χόκεϋ επί πάγου
муз хоккейи

ποδόσφαιρο
футбол

μπάντμιντον
бадминтон

στίβος
енгил атлетика

χάντμπολ
қўлтўпи

σκι
чанғи учиш

πόλο
поло

машғулот

γελάω
кулмоқ
πηδάω
сакрамоқ
αγκαλιάζω
қучмоқ
περπατάω
юрмоқ
τραγουδάω
куйламоқ
ονειρεύομαι
хаёл қилмоқ
προσεύχομαι
ибодат қилмоқ
φιλάω
ўпмоқ

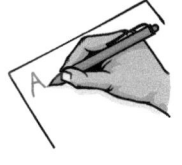

γράφω
ёзмоқ

σχεδιάζω
чизмоқ

δείχνω
кўрсатмоқ

πιέζω
итармоқ

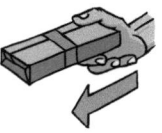

δίνω
бермоқ

παίρνω
олмоқ

έχω

эга бўлмоқ

κάνω

бажармоқ

είμαι

бўлмоқ

στέκομαι

турмоқ

τρέχω

югурмоқ

τραβάω

тортмоқ

ρίχνω

улоқтирмоқ

πέφτω

йиқилмоқ

ξαπλώνω

алдамоқ

περιμένω

кутмоқ

κουβαλώ

ташимоқ

κάθομαι

ўтирмоқ

φοράω

кийинмоқ

κοιμάμαι

ухламоқ

ξυπνάω

уйғонмоқ

κοιτάω

қарамоқ

κλαίω

йиғламоқ

χαϊδεύω

зарба бермоқ

χτενίζω

тарамоқ

μιλάω

гаплашмоқ

καταλαβαίνω

тушунмоқ

ρωτάω

сўрамоқ

ακούω

тингламоқ

πίνω

ичмоқ

τρώω

емоқ

συγυρίζω

йиғиштирмоқ

αγαπάω

севмоқ

μαγειρεύω

пиширмоқ

οδηγώ

ҳайдамоқ

πετάω

учмоқ

κάνω ιστιοπλοΐα

кемада сузмоқ

υπολογίζω

ҳисобламоқ

διαβάζω

ўқимоқ

μαθαίνω

ўрганмоқ

δουλεύω

ишламоқ

παντρεύομαι

турмуш қурмоқ

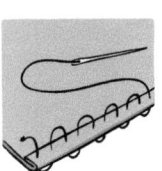

ράβω

тикмоқ

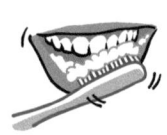

βουρτσίζω τα δόντια

тиш ювмоқ

σκοτώνω

ўлдирмоқ

καπνίζω

чекмоқ

στέλνω

йўлламоқ

οικογένεια

оила

γιαγιά
буви
παππούς
бува
πατέρας
ота
μητέρα
она
μωρό
чақалоқ
κόρη
қиз
γιος
ўғил

καλεσμένος

меҳмон

θεία

амма

θείος

тоға

αδελφός

ака

αδελφή

опа

σώμα

тана

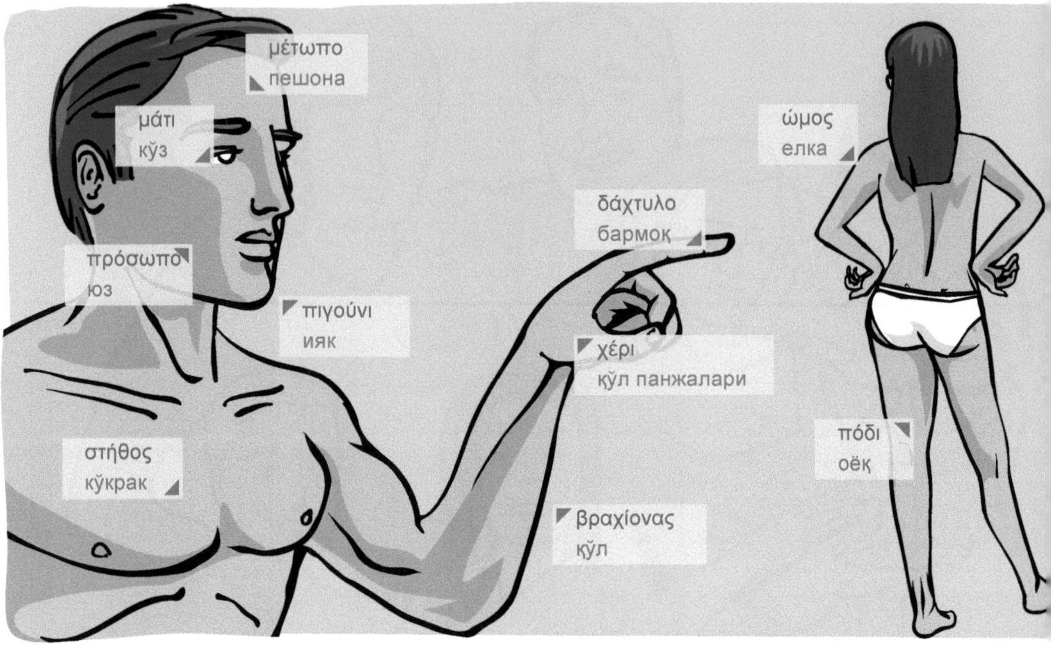

μέτωπο
пешона

μάτι
күз

πρόσωπο
юз

πιγούνι
ияк

στήθος
күкрак

ώμος
елка

δάχτυλο
бармоқ

χέρι
қўл панжалари

πόδι
оёқ

βραχίονας
қўл

μωρό
чақалоқ

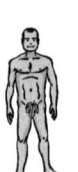

άνδρας
одам

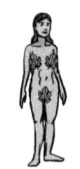

γυναίκα
аёл

κορίτσι
қиз бола

αγόρι
ўғил бола

κεφάλι
бош

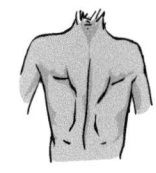

πλάτη

орқа

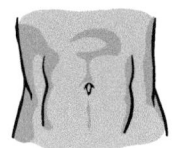

κοιλιά

қорин

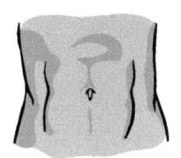

αφαλός

киндик

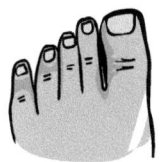

δάχτυλο ποδιού

оёқ панжаси

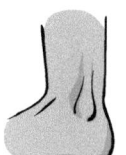

φτέρνα

товон

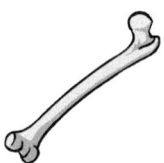

κόκκαλο

суяк

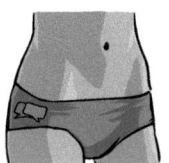

γοφός

бел

γόνατο

тизза

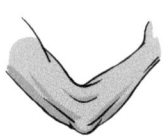

αγκώνας

тирсак

μύτη

бурун

γλουτός

думба

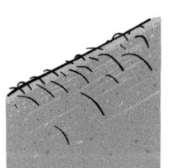

δέρμα

тери

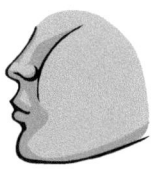

μάγουλο

янoқ

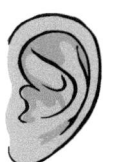

αυτί

қулоқ

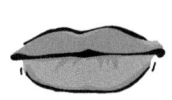

χείλος

лаб

στόμα

оғиз

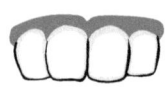

δόντι

тиш

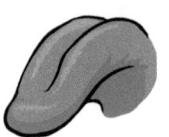

γλώσσα

тил

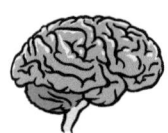

εγκέφαλος

мия

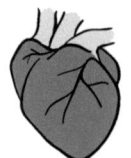

καρδιά

юрак

μυς

мушак

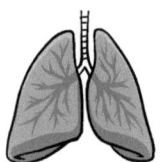

πνεύμονας

ўпка

συκώτι

жигар

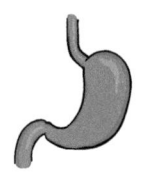

στομάχι

ошқозон

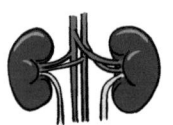

νεφρά

буйрак

σεξουαλική επαφή

жинсий алоқа

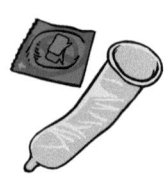

προφυλακτικό

презерватив

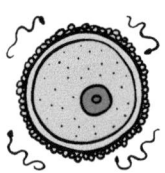

ωάριο

тухум ҳўжайра

σπέρμα

уруғ

εγκυμοσύνη

ҳомиладорлик

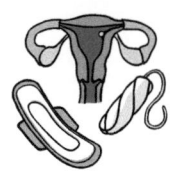

περίοδος

ҳайз

γυναικείος κόλπος

бачадон

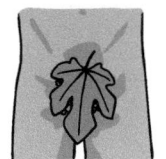

πέος

олат

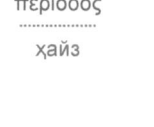

φρύδι

қош

μαλλιά

соч

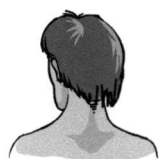

λαιμός

бўйин

νοσοκομείο
шифохона

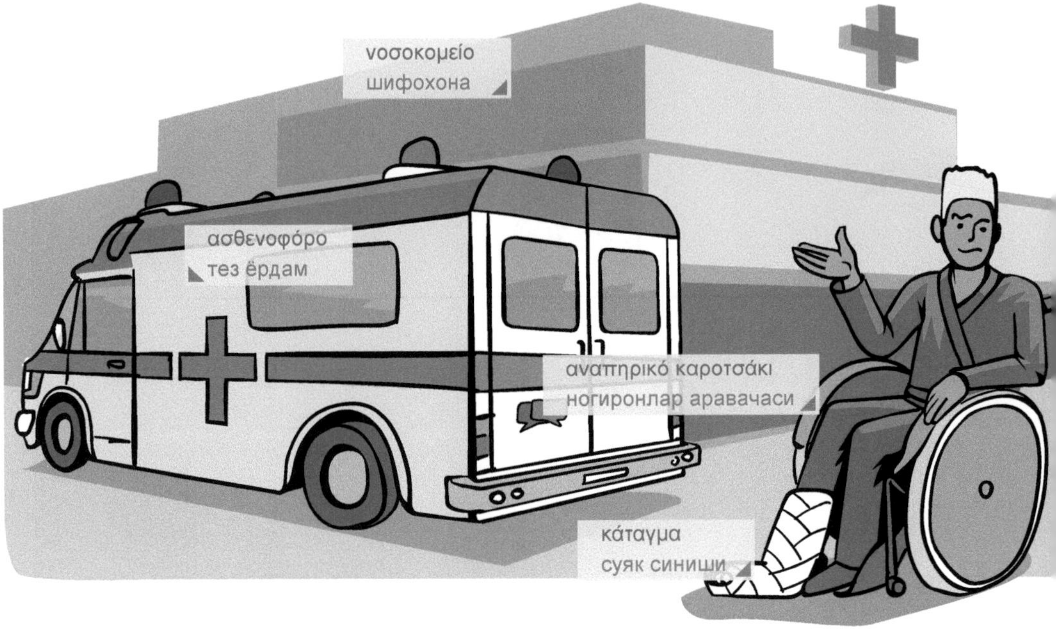

νοσοκομείο
шифохона
ασθενοφόρο
тез ёрдам
αναπηρικό καροτσάκι
ногиронлар аравачаси
κάταγμα
суяк синиши

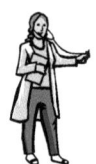

γιατρός

шифокор

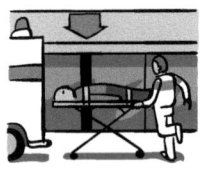

μονάδα εντατικής θεραπείας

Шошилинч тиббий ёрдам кўрсатиш бўлими

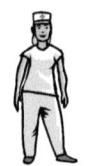

νοσοκόμα

ҳамшира

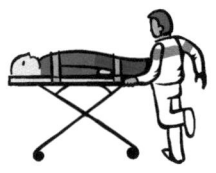

έκτακτη ανάγκη

тез ёрдам

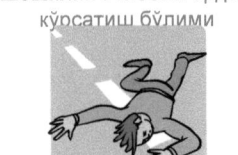

λιπόθυμος

ҳушсизлик

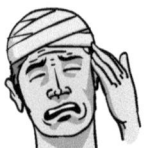

πόνος

оғриқ

τραύμα

жароҳат

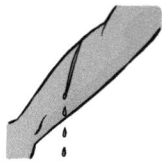

αιμορραγία

қонаш

έμφραγμα

юрак хуружи

εγκεφαλικό

инсульт

αλλεργία

аллергия

βήχας

йўтал

πυρετός

иситма

γρίπη

тумов

διάρροια

ич кетиш

πονοκέφαλος

бош оғриғи

καρκίνος

саратон касали

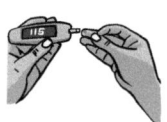

διαβήτης

қандли диабет

χειρουργός

жарроҳ

νυστέρι

жарроҳ пичоғи

εγχείρηση

жарроҳлик амалиёти

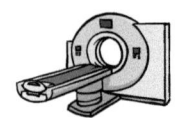

αξονική τομογραφία

томография

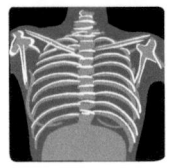

ακτινογραφία

рентген

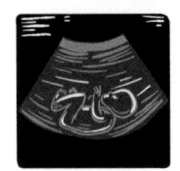

υπέρηχος

ултратовуш текшируви

μάσκα

юз ниқоби

ασθένεια

касаллик

αίθουσα αναμονής

қабулхона

πατερίτσα

қўлтиқтаёқ

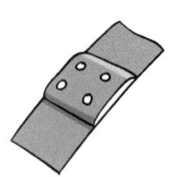

χάνσαπλαστ

малҳамли пластир

επίδεσμος

бинт

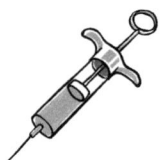

ένεση

укол

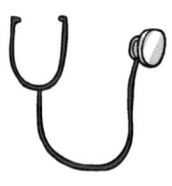

στηθοσκόπιο

юрак урушини ва ўпкани
эшитиб кўрадиган асбоб

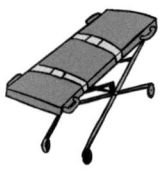

φορείο

беморлар учун замбил

θερμόμετρο

термометр

γέννηση

туғруқ

υπέρβαρο

семизлик

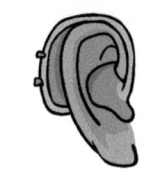

ακουστικό βαρηκοΐας

эшитиш мосламаси

αντισηπτικό

дезинфекцияловчи восита

λοίμωξη

инфекция

ιός

вирус

HIV/AIDS

ОИВ / ОИТС

φάρμακο

дори

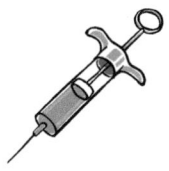

εμβολιασμός

эмлаш

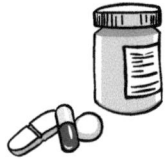

δισκία

таблетка

χάπι

дори

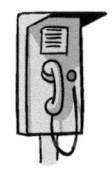

κλήση έκτακτης ανάγκης

тез ёрдам қўнғироғи

πιεσόμετρο αίματος

қон босимини ўлчаш
асбоби

άρρωστος / υγιής

касал / соғлом

έκτακτη ανάγκη

тез ёрдам

Βοήθεια!

Ёрдам беринглар!

συναγερμός

хавф-хатар ишораси

βιαιοπραγία

тажовуз

επίθεση

ҳужум

κίνδυνος

хавф

έξοδος κινδύνου

фавқулодда ҳолатларда чиқиш эшиги

Φωτιά!

Ёнғин!

πυροσβεστήρας

ўт ўчиргич

ατύχημα

фалокат

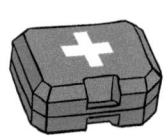

κουτί πρώτων βοηθειών

биринчи тиббий ёрдам тўплами

SOS

фалокат сигнали

αστυνομία

полиция

Γη
Ер

Ευρώπη

Европа

Βόρεια Αμερική

Шимолий Америка

Νότια Αμερική

Жанубий Америка

Αφρική

Африка

Ασία

Осиё

Αυστραλία

Австралия

Ατλαντικός Ωκεανός

Атлантик океани

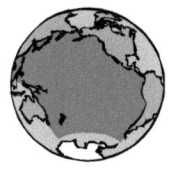

Ειρηνικός Ωκεανός

Тинч океани

Ινδικός Ωκεανός

Ҳинд океани

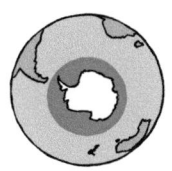

Ανταρκτικός Ωκεανός

Антарктида океани

Αρκτικός Ωκεανός

Арктика океани

Βόρειος Πόλος

Шимолий қутб

Νότιος Πόλος

Жанубий қутб

Ανταρκτική

Антарктика

Γη

Ер

γη

ўлка

θάλασσα

денгиз

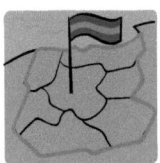

νησί

орол

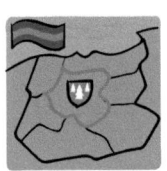

έθνος

миллат

πολιτεία

давлат

ρολόι
соат

καντράν ρολογιού

астрономик вақт кўрсатгичи

ωροδείκτης

соат мили

λεπτοδείκτης

дақиқа мили

δείκτης δευτερολέπτων

сония мили

Τι ώρα είναι;

Соат неча?

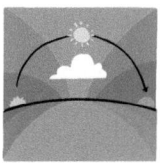

ημέρα

кун

χρόνος

вақт

τώρα

ҳозир

ψηφιακό ρολόι

рақамли соат

λεπτό

дақиқа

ώρα

соат

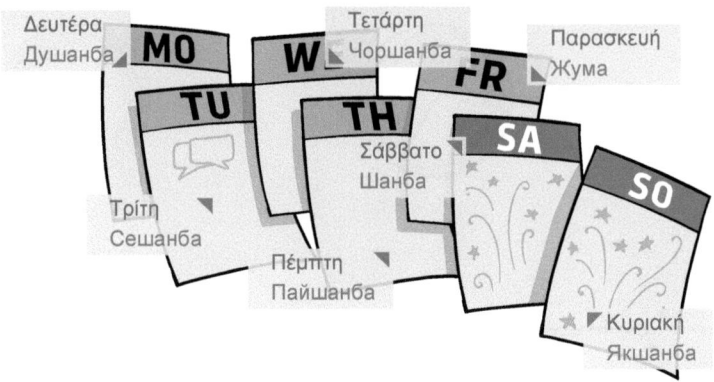

εβδομάδα
хафта

Δευτέρα
Душанба
MO
Τρίτη
Сешанба
TU
Τετάρτη
Чоршанба
W
Πέμπτη
Пайшанба
TH
FR
Παρασκευή
Жума
Σάββατο
Шанба
SA
Κυριακή
Якшанба
SO

χθες

кеча

σήμερα

бугун

αύριο

эртага

πρωί

эрталаб

μεσημέρι

пешин

βράδυ

кечқурун

εργάσιμες ημέρες

иш кунлари

Σαββατοκύριακο

дам олиш кунлари

έτος
йил

βροχή
ёмғир
ουράνιο τόξο
камалак
χιόνι
қор
άνεμος
шамол генератори
άνοιξη
баҳор
φθινόπωρο
куз
καλοκαίρι
ёз
χειμώνας
қиш

4.APRIL 11°
5.APRIL 4°
6.APRIL 13°
7.APRIL 8°
8.APRIL 10°

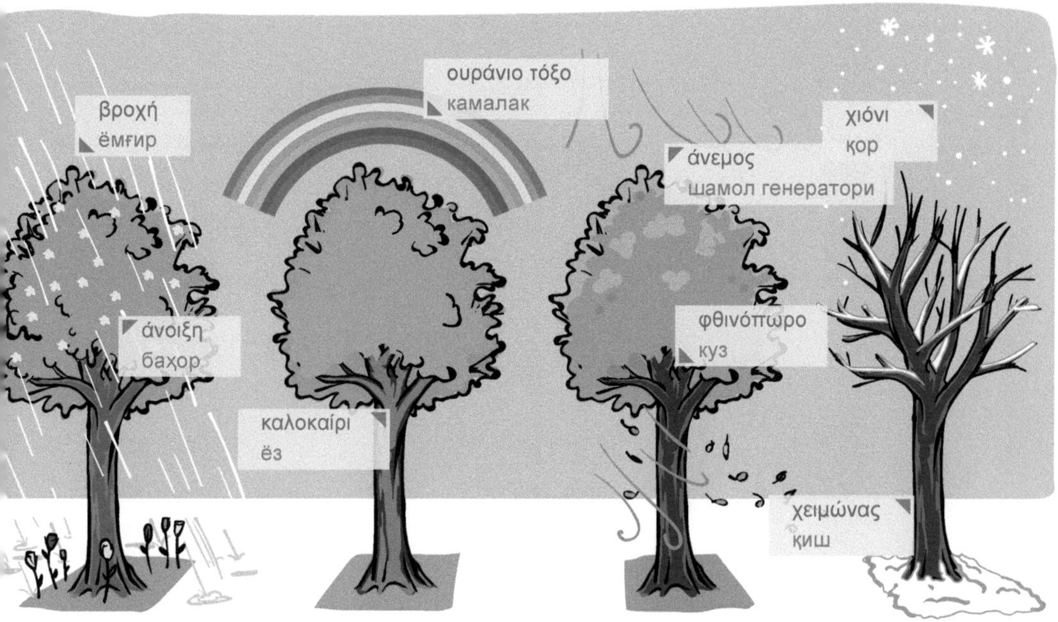

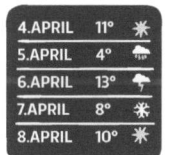

πρόγνωση καιρού

об-ҳаво маълумоти

F
C
120
90
60
30
0
-30
40
30
20
10
0
-10
-20

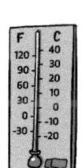

θερμόμετρο

термометр

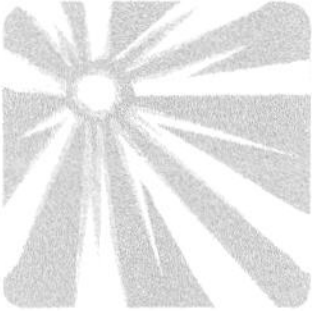

λιακάδα

қуёшли

σύννεφο

булут

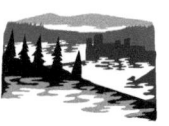

ομίχλη

туман

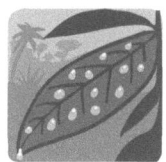

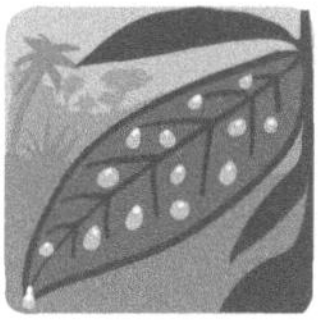

υγρασία

намгарчилик

αστραπή

чақмоқ

κεραυνός

момоқалдироқ

καταιγίδα

бўрон

χαλάζι

дўл

μουσώνας

намгарчилик мавсуми

πλημμύρα

тошқин

πάγος

муз

Ιανουάριος

Январь

Φεβρουάριος

Февраль

Μάρτιος

Март

Απρίλιος

Апрель

Μάιος

Май

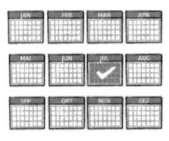

Ιούνιος

Июнь

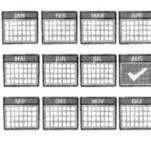

Ιούλιος

Июль

Αύγουστος

Август

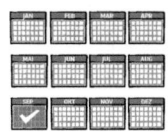

Σεπτέμβριος

Сентябрь

Οκτώβριος

Октябрь

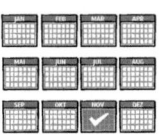

Νοέμβριος

Ноябрь

Δεκέμβριος

Декабрь

σχήματα

шакллар

κύκλος

айлана

τετράγωνο

квадрат

ορθογώνιο παραλληλόγραμμο

тўртбурчак

τρίγωνο

учбурчак

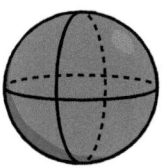

σφαίρα

доира

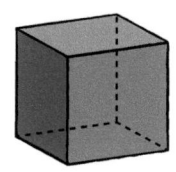

κύβος

куб

χρώματα

ранглар

άσπρο

оқ

κίτρινο

сариқ

πορτοκαλί

сабзи ранг

ροζ

пушти

κόκκινο

қизил

μωβ

тўқ қизил

μπλε

кўк

πράσινο

яшил

καφέ

жигар ранг

γκρι

кул ранг

μαύρο

қора

αντίθετα

қарама-қарши маъноли сўзлар

πολύ / λίγο

кўп / оз

θυμωμένος / ήρεμος

ғазабли / хотиржам

όμορφος / άσχημος

гўзал / хунук

αρχή / τέλος

боши / охири

μεγάλος / μικρός

катта / кичик

φωτεινός / σκοτεινός

ёруғ / қоронғу

αδελφός / αδελφή

ака / сингил

καθαρός / λερωμένος

тоза / ифлос

πλήρης / ατελής

тўлиқ / чала

ημέρα / νύχτα

кун / тун

νεκρός / ζωντανός

ўлик / тирик

φαρδύς / στενός

кенг / тор

βρώσιμος / μη βρώσιμος

еса бўладиган / еса
бўлмайдиган

κακός / ευγενικός

ёвуз / хайрли

ενθουσιασμένος /
βαριεστημένος

ҳаяжонли / зерикарли

παχύς / λεπτός

семиз / озғин

πρώτος / τελευταίος

биринчи / охирги

φίλος / εχθρός

дўст / душман

γεμάτος / άδειος

тўла / бўш

σκληρός / μαλακός

қаттиқ / юмшоқ

βαρύς / ελαφρύς

оғир / енгил

πείνα / δίψα

очлик / чанқов

άρρωστος / υγιής

касал / соғлом

παράνομος / νόμιμος

ноқонуний / қонуний

έξυπνος / χαζός

зиёли / калтафаҳм

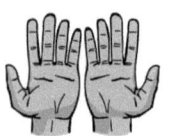

αριστερός / δεξιός

чап / ўнг

κοντινός / μακρινός

яқин / узоқ

καινούριος / μεταχειρισμένος

янги / ишлатилган

τίποτα / κάτι

хеч нарса / бир нарса

γέρος | νέος

қари / ёш

αναμμένος / σβηστός

ёниқ / ўчиқ

ανοιχτός / κλειστός

очиқ / ёпиқ

χαμηλόφωνος / μεγαλόφωνος

паст / баланд

πλούσιος / φτωχός

бой / камбағал

σωστός / λανθασμένος

тўғри / нотўғри

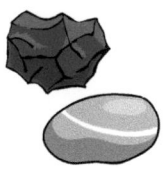

τραχύς / λείος

нотекис / текис

λυπημένος / χαρούμενος

хафа / хурсанд

κοντός / μακρύς

қисқа / узун

αργός / γρήγορος

секин / тез

υγρός / στεγνός

нам / қуруқ

ζεστός / δροσερός

илиқ / салқин

πόλεμος / ειρήνη

уруш / тинчлик

αριθμοί

рақамлар

0	1	2
μηδέν	ένα	δύο
ноль	бир	икки
3	4	5
τρία	τέσσερα	πέντε
уч	тўрт	беш
6	7	8
έξι	εφτά	οκτώ
олти	етти	саккиз
9	10	11
εννιά	δέκα	έντεκα
тўққиз	ўн	ўн бир

12

δώδεκα

ўн икки

13

δεκατρία

ўн уч

14

δεκατέσσερα

ўн тўрт

15

δεκαπέντε

ўн беш

16

δεκαέξι

ўн олти

17

δεκαεφτά

ўн етти

18

δεκαοκτώ

ўн саккиз

19

δεκαεννέα

ўн тўққиз

20

είκοσι

йигирма

100

εκατό

юз

1.000

χίλια

минг

1.000.000

εκατομμύριο

миллион

γλώσσες
тиллар

Αγγλικά

Инглиз

Αμερικάνικα Αγγλικά

Америкача инглиз тили

Μανδαρίνικα Κινέζικα

Хитой тилининг Мандарин лаҳчаси

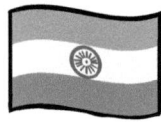

Χίντι

Ҳинд

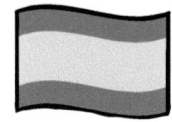

Ισπανικά

Испан

Γαλλικά

Француз

Αραβικά

Араб

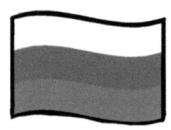

Ρώσικα

Рус

Πορτογαλικά

Португал

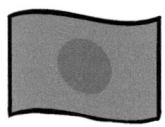

Μπενγκάλι

Бенгал

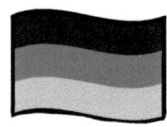

Γερμανικά

Немис

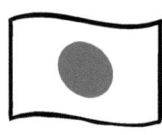

Ιαπωνικά

Япон

ποιος / τι / πως

ким / нима / қандай

εγώ

Мен

εσύ

Сен

αυτός / αυτή / αυτό

у / у / у

εμείς

биз

εσείς

сизлар

αυτοί / αυτές / αυτά

улар

ποιος / ποια / ποιο;

ким?

τι;

нима?

πώς;

қандай?

πού;

қаерда?

πότε;

қачон?

όνομα

исм

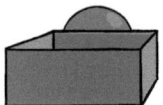

που
қаерда

πίσω

орқада

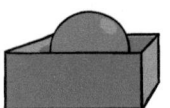

μέσα

ичида

μπροστά

олдида

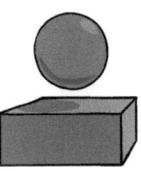

πάνω από

узра

πάνω

устида

κάτω

тагида

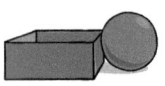

δίπλα

ёнида

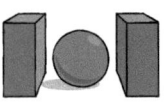

ανάμεσα

ўртасида

μέρος

жой